Género Ficción realista

I0794922

¿? Pregunta esencial

¿Qué nos puede hacer cambiar de idea?

Los patines, el pastel y la sorpresa

Lina Patricia Cruz
ilustrado por Marcela Staudenmaier

Capítulo 1

Lily en el nuevo vecindario

El canto de los pájaros me despierta. Al abrir los ojos recuerdo que estoy en mi nueva casa. Ayer nos mudamos. Dejamos el ruido de la gran ciudad de Pachuca en el estado de Hidalgo y nos vinimos para Angangueo en Michoacán. Este pueblo queda cerca de la Sierra Chincua. Aquí cada año, entre octubre y marzo, llegan grandes cantidades de mariposas monarca. Ahora vivimos en el campo. Nuestra nueva casa está rodeada de árboles. Respiro profundamente. Reconozco el mismo aroma del aire puro y limpio que sentí ayer cuando llegamos en el camión de mudanzas.

—¡Lily, a desayunar! —mamá me llama desde la cocina.

Bajo las escaleras de la casa. Huele a árboles frescos, a campo y al delicioso desayuno de mamá. También hay un intenso olor a fruta. Cuando llego al comedor, encuentro a papá sentado a la mesa, él me pregunta qué voy a hacer hoy. Le respondo que visitaré con mamá los alrededores, quiero conocer muchos árboles y animalitos.

—Pero, primero, iremos a la casa de los vecinos —dice mamá—. Vamos a conocerlos y a preguntarles algunas cosas del lugar.

—No se demoren, les tengo una sorpresa —la interrumpe papá. Luego me mira sonriente—. Lily, no importa lo que hagas, esta vez no te la contaré por anticipado.

La casa de los vecinos está un poco retirada de la nuestra, como a cien metros. El camino que recorro con mamá está rodeado de árboles. Además se escucha el canto de los pajaritos.

Respiro profundamente y me doy cuenta de lo puro que es el aire. ¡Es maravilloso! Hay más animales y menos casas y automóviles que en la ciudad.

Llegamos a la casa de los vecinos, dos niños salen. Se presentan y ahora sé que se llaman Pepe y Samuel.

—Adelante —dice Samuel—, mi mamá las está esperando.

Me pregunto cómo sabía la vecina de nuestra llegada. Entonces, mamá me cuenta que ayer en la noche había hablado con ella por teléfono. Las dos se quedan conversando en la casa. Mientras tanto yo salgo a jugar con Pepe y Samuel al jardín.

—¡Juguemos a los investigadores! —dice Samuel entusiasmado.

—¿Cómo se juega? —pregunto un poco desconcertada.

—Resolveremos un misterio —me explica Pepe—. Mi mamá horneó un pastel para darles la bienvenida. Pero el pastel tiene unas mordidas muy extrañas. Así que averiguaremos quién mordió el pastel.

—¡Qué entretenido! —afirmo con gran interés.

Observamos detenidamente los mordiscos en el pastel y seguimos unas huellas. Parece que el caminito es muy largo. Pepe propone que usemos los patines pues, de esa manera, llegaremos más rápido. Les explico que tengo los patines en casa. Pero Pepe me ofrece unos que tiene de sobra.

—Además —digo con algo de timidez—, no sé patinar.

—Entonces —dice Samuel—, nosotros te enseñaremos.

—Nos vamos a demorar todo el día —respondo—. Lo he intentado varias veces y no logro avanzar más de dos metros cuando ya estoy saludando el suelo.

—¡No te preocupes, Lily! —dice Samuel—. Vas a aprender a patinar en menos de lo que canta un gallo.

Acepto con algo de miedo. No quiero caer una y otra vez al suelo. Recuerdo las palabras de papá y me dan fuerza: "Debes vencer el miedo, pues el miedo no te puede vencer a ti". Espero que pueda aprender a montar patines rápidamente con las clases que Pepe y Samuel me darán.

AHORA COMPRUEBA

¿Por qué Lily no quiso montar patines con Samuel y Pepe?

Capítulo 2
¡A vencer el miedo!

Pepe sale corriendo de la casa con los patines en la mano.

—¡Esos patines son de otro mundo! —exclamo al ver lo coloridos que son.

—¿Te parece? —me pregunta Pepe—. Con ellos aprendí a montar, por eso los quiero tanto.

Los tres estamos listos para empezar, Samuel y Pepe están a mi lado: uno a mi derecha y otro a mi izquierda. Me sostienen las manos y pienso: "Papá lo ha intentado muchas veces y yo no lo he logrado. Haré todo lo posible por aprender esta vez. Dejaré atrás mis miedos".

Ellos también tienen puestos sus patines. Parecemos un equipo de patinaje. Esto es muy emocionante. Mientras patinamos, Samuel empieza a enumerar las pistas que tiene sobre la desaparición del pastel. ¡Seguimos jugando a los detectives mientras aprendo a patinar!

Al parecer, la estrategia de mis nuevos amigos es hacerme olvidar el miedo para que pueda concentrarme en otras cosas. ¡No lo puedo creer, la estrategia funciona! Mis piernas van con el ritmo de los patines y, hasta ahora, voy coordinada con Samuel y Pepe. Mis papás se van a alegrar cuando sepan que logré mantenerme encima de los patines un largo tiempo sin caer al suelo

—He hecho un análisis —dice Samuel mientras intento mantener el equilibrio— y considero que el causante de las mordidas en el pastel es el mismo que se comió, hace tres días, el pollo frito que mi papá había cocinado para la cena.

Detective del lenguaje — **Identifica el sujeto en la oración subrayada.**

Al final, Samuel llega a la conclusión de que el culpable de los mordiscos en el pastel es Einstein, un perro que vive cerca.

—Pepe y yo lo oímos, pero Pepe dice que cree en su inocencia.

—Sami —dice escandalizado—, ¡cómo te atreves a acusar a Einstein sin pruebas! Sería una falsa acusación.

Yo me distraigo pensando si el perro es culpable o no, si es un fugitivo o si necesita un abogado. Recuerdo las palabras de Samuel e imagino un pollo frito que desaparece repentinamente después de que un perro lo estaba husmeando.

De pronto, me tropiezo con una piedra. Por poco me voy de narices al suelo. Por fortuna, Samuel y Pepe son muy buenos patinadores y me toman la mano fuertemente... ¡Me toman la mano!

Eso quiere decir que yo... los patines... ¡yo!

Me pregunto hace cuánto tiempo estaba patinando sola. ¡Estaba patinando! ¡Aprendí a patinar con la ayuda de Samuel y Pepe! ¡Genial!

AHORA COMPRUEBA

Según Samuel, ¿qué se comió el culpable, además del pastel?

—¡Ustedes me soltaron! —les digo con una gran sonrisa.

—Estabas patinando sola —dice Samuel—. ¡Parecías una patinadora profesional!

Seguimos patinando y pensando en el pastel.

Detective del lenguaje **En la oración subrayada, ¿cuál es el predicado?**

—Debemos encontrar una prueba de la inocencia o la culpabilidad de Einstein —me aventuro a decir—. En caso de que haya pruebas en ambos casos, seré la jueza. Pepe será el abogado defensor y Samuel el abogado… ¿acusador?

—Se llama fiscal, Lily. No se llama abogado acusador, aunque esa es su función —dice Pepe con una gran sonrisa.

—¡Fantástico! —exclama Samuel—. Conseguiremos las pruebas necesarias. Comprobaré que quien mordió el pastel y se llevó el pollo frito fue Einstein. Si es así, tendrá que cumplir una pena en prisión.

Capítulo 3
La sorpresa

Estamos conversando sobre nuestros papeles en el juicio de Einstein, cuando mamá sale de la casa acompañada de la mamá de Pepe y Samuel.

—¡Lily en patines! —exclama mamá entusiasmada mientras sonríe con satisfacción—. ¡Aprendiste a montar patines!

—¡Sí, mamá! ¿Nos vamos ya? —le pregunto—. Podemos quedarnos un ratito más. Soy la jueza en el caso de los mordiscos en el pastel. Te imaginas la responsabilidad, soy la encargada de dictar la sentencia.

—Tu papá dijo que no nos demoráramos, hijita —dice mamá—. Así que en quince minutos nos vamos, señora jueza patinadora.

AHORA COMPRUEBA

Según Samuel, ¿quién mordió el pastel?

Las mamás entran a la casa y nosotros seguimos en nuestro divertido juego. Como ya sabía patinar, decidimos ir tras las pistas que nos ayudarían a resolver el delito: moronas, pedazos de fruta y huellas.

—Las moronas solo son posibles —dice el fiscal Samuel con gran seriedad— si un perro, como Einstein, mordió el pastel. El señor abogado defensor y yo sabemos de sobra que ese perrito deja todo regado siempre. Esa es mi primera prueba. ¡Y conseguiré más!

—No necesariamente, Sami —afirma Pepe—, pudo haber sido un pájaro o una ardilla. Las huellas son pequeñas. Las patas de Einstein tienen casi el doble de tamaño. No creo que haya sido él.

Detective del lenguaje

En la frase subrayada, ¿qué función cumple la coma?

Seguimos el rastro de moronas por el camino. Estoy muy entusiasmada porque puedo ir en patines, al lado de Samuel y Pepe, mis profesores.

El rastro nos lleva a la acera y luego al patio que queda detrás de mi casa.

—¡Esto no tiene ningún sentido! —digo un poco extrañada.

—¡Ajá! —exclama el abogado Pepe con emoción—. El que haya mordido el pastel que horneó mamá se encuentra detrás de la casa de Lily. Mi opinión es que Einstein no es el culpable del delito.

—Einstein pudo comerse unos trozos de pastel y luego escogió este lugar como su refugio —afirma el fiscal Samuel—. Este es un gran escondite, pues antes de que se mudara Lily, la casa estuvo un mes desocupada.

Me pregunto por qué el rastro de moronas llega hasta el patio de mi casa. Ahora recuerdo que cuando bajé a desayunar, había un delicioso olor a frutas. Y el pastel hecho por la mamá de Samuel y Pepe tenía frutas, por eso encontramos algunas en el camino.

—¿Será que Einstein vino esta mañana a mi casa mientras comía un pedazo de pastel? —pregunto dejando de lado mi función de jueza.

Y antes de que alguno pudiera responder, escuchamos un ruido. Nos quitamos los patines y entramos al patio tratando de hacer el menor ruido posible.

En un rincón había una caja de cartón tirada boca abajo en el patio. ¡La caja se movió! Samuel y Pepe la levantaron para ver de qué se trataba. ¡Había dos conejillos de Indias debajo de la caja! Los traviesos tenían moronas y rastros de frutas en los bigotes.

—¡Te lo dije, Sami! —dice Pepe saltando de la emoción—. No fue Einstein. Mira, fueron estos dos conejillos de Indias.

—¿Por qué no nos contaste que tenías conejillos de Indias comelones de pasteles de frutas? —me dice Samuel.

—No son míos —respondo.

—¿Entonces qué hacen estos conejillos de Indias en el patio de tu casa con restos del pastel que hizo mi mamá? —pregunta Pepe tratando de descubrir el misterio.

—No sé —respondo desconcertada.

Todos guardamos silencio. Pienso en el olor a frutas de esta mañana, en el juego de la búsqueda del autor de los mordiscos, en cómo aprendí a patinar y recuerdo... ¡Ahora todo es claro!

—¡Mi papá me dijo que había una sorpresa para mí! —digo con emoción—. Por eso debíamos venir temprano.

AHORA COMPRUEBA

¿Por qué Lily, Samuel y Pepe estaban en el patio de la casa de Lily?

—¿Esta será tu sorpresa? —pregunta Pepe.

En ese momento, papá sale de la casa y con una sonrisa en su cara me dice:

—¡Sorpresa! ¿Te gustan? Parecen ser traviesos, esta mañana comieron pastel y no sé de dónde lo tomaron. ¿Qué nombres les pondremos?

—¡Tomy! y ¡Aty! —digo con entusiasmo—. Muchas gracias, papá. ¡Eres el mejor!

—¡Se ha resuelto un gran misterio! —dice Samuel riendo.

De inmediato, tomo en mis brazos a los conejillos. Creo que seremos grandes amigos y solucionaremos numerosos misterios juntos.

—Ahora podremos incluir, en nuestro juego de investigación, a los conejillos —afirma Pepe divertido.

Miro el reloj y me doy cuenta de que ya pasaron los quince minutos que me dio mamá. Le explico a papá la situación y salimos los cuatro, pero antes me pongo los patines.

—Lily, ¿y esos patines? —pregunta papá.

—Me los prestó Samuel —respondo amarrando los cordones.

—¡No lo puedo creer! ¡Estás patinando! —dice papá con cara de asombro.

—Sí, señor. Samuel y Pepe me enseñaron. Era la forma más rápida de seguir el rastro de las moronas. Recordé lo que me dijiste acerca de no dejarme vencer por el miedo. Quería darles esta sorpresa a mamá y a ti.

Papá toma a los conejillos y nos acompaña a la casa de Samuel y Pepe. Allí está mamá esperándonos. Cuando nos ve con el par de animalitos salta y sonríe de felicidad.

AHORA COMPRUEBA

¿Quiénes mordieron el pastel?

Respuesta a la lectura

Resumir

Usa los detalles importantes de *Los patines, el pastel y la sorpresa* para resumir el cuento. Usa el organizador gráfico como ayuda.

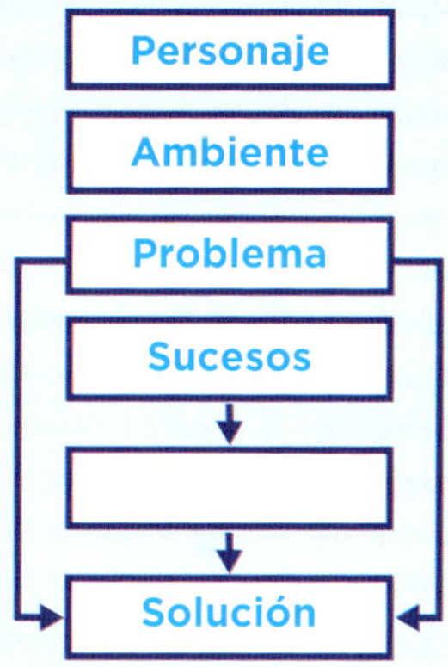

Evidencia en el texto

1. ¿Cómo sabes que el cuento *Los patines, el pastel y la sorpresa* es ficción realista? Identifica una característica que te lo indique. **GÉNERO**

2. ¿Cómo resuelven el problema del pastel Samuel, Pepe y Lily? **PROBLEMA Y SOLUCIÓN**

3. En la página 5 aparece el siguiente modismo: *en menos de lo que canta un gallo.* ¿Cuál es su significado? **MODISMOS**

4. Escribe sobre la primera suposición que hizo Samuel. ¿Cómo descubrieron que no era correcta? **ESCRIBIR SOBRE LA LECTURA**

Género Texto expositivo

Compara los textos

Lee acerca de las funciones del juez en el tribunal.

Los jueces

¿Te has preguntado quién es la persona vestida con toga que dirige el juicio y pone orden en la sala? Esta persona es el juez.

En un juicio hay dos partes involucradas: un acusador y un acusado. La parte acusatoria, o que acusa, presenta pruebas contra el acusado. Él, a su vez, presenta pruebas que niegan las pruebas del acusador.

Para decidir cuál de las partes tiene pruebas que no dan lugar a dudas y demuestran su posición, se elige un jurado. Este evalúa detalladamente las pruebas y toma una decisión: culpable o no culpable. El jurado debe ser imparcial. No debe tomar decisiones apresuradas ni suponer las cosas. Debe esperar las pruebas y evaluarlas.

Los jueces se encargan de dirigir los juicios.

¿Sabías que...?

El juez usa toga porque es símbolo de poder y distinción; en la Antigüedad era vestimenta ceremonial de los emperadores.

El juez usa un pequeño martillo para llamar la atención de los presentes.

Una función de los jueces es pronunciar la sentencia.

El jurado decide la culpabilidad del acusado. Entonces, ¿cuál es la función del juez?

El juez pone orden en la sala. Decide si las pruebas y las preguntas de los abogados son necesarias u oportunas. Supervisa todo el proceso. También decide si es necesario hacer el juicio o no. El juicio solo se puede hacer si hay pruebas suficientes contra el acusado. Y tiene la importante tarea de dar instrucciones al jurado antes y durante el juicio.

Una regla de oro que el juez le hace saber al jurado antes del juicio es: no se pueden sacar conclusiones anticipadamente. ¡Siempre es necesario evaluar todas las pruebas!

El juez jura actuar con justicia durante todo el juicio, al igual que los jurados.

Además, siempre debe hacer prevalecer que, según la Declaración de Derechos de la Constitución de Estados Unidos, todo acusado es inocente hasta que se demuestre lo contrario. Esta demostración está basada en hechos comprobables y no en una duda razonable de alguien o de los hechos.

Como el juez es una gran figura de autoridad y de respeto, cuando entra, todos los presentes se deben poner en pie. Además, se deben dirigir a él con el mayor respeto, diciéndole: "Señoría".

Otras funciones del juez son pronunciar el veredicto: culpable o no-culpable, y dar la sentencia o castigo.

Los jueces realizan un juramento de actuar con justicia.

Haz conexiones

¿Cuáles son las principales funciones de un juez? **PREGUNTA ESENCIAL**

¿Qué características del juez puedes encontrar en *Los patines, el pastel y la sorpresa,* que encuentres también en *Los jueces?* **EL TEXTO Y OTROS TEXTOS**

Enfoque:
Elementos literarios

Diálogo Los diálogos se usan en un texto para presentar las ideas y los sentimientos de los personajes de manera directa. Esto ayuda a definir su carácter y su estado de ánimo. En los diálogos pueden participar dos o más personajes. En un texto narrativo los puedes identificar porque están marcados con rayas.

Lee y descubre La manera más sencilla de saber quién está hablando es fijándose en las rayas de diálogo y en la conjugación del verbo *decir*: "—¡Esto no tiene ningún sentido! —digo un poco extrañada" (pág. 14).

El uso de diferentes verbos en los diálogos hace evidente el estado de ánimo o la manera en que el personaje está hablando: "—¡Aja! —exclama el abogado Pepe con emoción" (pág. 14). El verbo *exclamar* sugiere que Pepe está emocionado.

Tu turno

Imagina que te han acusado de un delito que no has cometido. Piensa en la manera de demostrar tu inocencia. Escribe un diálogo corto en el que presentas tu defensa ante un juez y el jurado. Léelo en voz alta a tus compañeros de clase.